KB268867

추천 · 감수 **김완기**
한국아동문학회 중앙위원장, 한국아동문학연구회 수석부회장, 국제펜 · 한국문인협회 ·
한국저작권협회 회원, 서울서래초등학교 교장 역임. 서울신문 신춘문예에 동시가 당선되었고,
한국아동문학작가상, 한정동아동문학상, 대한민국동요대상 등을 수상했습니다.
동화집 〈내 배꼽이 더 크단 말이야〉, 동시집 〈엄마, 이게 행복인가 봐〉,
이야기책 〈마음을 따뜻하게 해 주는 101가지 작은 이야기〉 등 다수의 어린이 책을 썼습니다.

추천 · 감수 **이창수**
한국문인협회 아동문학분과 회장, 한국아동문학회 부회장, 국제펜 회원이며,
어린이 전문 출판사의 편집장 등을 역임했습니다. 한국아동문학예작품상, 한국아동문학예상,
한국아동문학작가상, 김영일아동문학상 등을 수상했습니다. 〈정수가 위험해〉, 〈우주 여행〉,
〈공포의 진주 동굴〉, 〈따뜻한 남쪽 나라〉 등 다수의 어린이 책을 썼습니다.

추천 · 감수 **김병규**
한국일보 신춘문예 동화 부문과 중앙일보 신춘문예 희곡 부문에 각각 당선된 뒤 활발한
창작 활동을 하고 있습니다. 〈희망을 파는 자동판매기〉, 〈나무는 왜 겨울에 옷을 벗는가〉,
〈요리사의 입맛〉, 〈그림 속의 파란 단추〉, 〈아침에 부르는 자장가〉 등의 작품을 발표하였으며,
대한민국문학상, 소천아동문학상, 해강아동문학상 등을 수상하였습니다.
현재 소년한국일보 편집국장으로 일하고 있습니다.

글 **김영애**
덕성여대 국어국문학과 졸업, 아동물 기획사 '우리기획' 에서 창의적인
기획물을 만들고 있으며, 갈릴레이 테마명작 〈세계 옛날 이야기〉,
〈이솝 이야기〉, 〈엄마 찾아 삼만리〉 등을 엮었습니다.

그림 **진선미**
대학에서 동양화를 전공하고, 현재 프린랜서 일러스트레이터로 활동하고 있습니다.
작품으로는 〈마음 속 소원〉, 〈며느리 뽑는 시험〉, 〈팥죽할멈과 호랑이〉,
〈삼국지〉, 〈나의 라임오렌지 나무〉, 〈천둥 선녀 번개 선녀〉 등이 있습니다.

헤밍웨이 테마 위인 74

정약용

펴 낸 이   전병용
펴 낸 곳   (주)한국헤밍웨이
주   소   서울특별시 송파구 석촌동 7-3번지
대표전화   (02)470-7722 · 475-2772
팩   스   (02)470-8338 · 475-2552
연구개발원 · 회원무료교육센터
주   소   경기도 성남시 분당구 금곡동 444-148
대표전화   (031)715-7722 · 715-8228
팩   스   (031)786-1100 · 786-1001
고객문의   080-715-7722
출판등록   제17-354호
기   획   김현정, 이은선, 정강호
편   집   박종휘, 조애경, 임미옥, 이영혜, 황혜전, 왕혜선, 조선학
디 자 인   전경숙, 한유영, 조수진, 김지혜, 안성하, 이정하, 김진아, 정년화

이 책의 저작권은 (주)한국헤밍웨이가 소유하고 있으므로
본사의 동의나 허락 없이는 내용이나 그림을 어떠한 방법으로도 사용할 수 없습니다.

ⓒKorea Hemingway
전90권 전질 정가 900,000원
www.hemingway-book.co.kr

⚠ **주의** · 다칠 우려가 있습니다. 본 교재를 던지거나 떨어뜨리지 않도록 주의하십시오.
· 고온 다습한 장소나 직사광선이 닿는 장소에는 보관을 피해 주십시오.

백성과 함께한 실학자

정약용

글 | 김영애   그림 | 진선미

한국헤밍웨이

봄날 오후, 골목 안은 아이들 떠드는 소리로 가득했어요.
그러나 정씨 집안 삼형제는 온종일 방 안에서 공부만 했지요.
"우리도 나가서 놀 수 있다면 얼마나 좋을까?"
"공부는 하면 할수록 어렵고 힘들어."
그 때 막내 동생 정약용이 뛰어 들어왔어요.
"공부가 뭐가 어렵다고 그래?"
그러면서 입을 딱딱 벌려 가며
천자문*을 줄줄 외우지 뭐예요.
형들의 어깨 너머로 저 혼자 익힌 것이지요.
그 때 정약용의 나이는 겨우 네 살밖에 되지 않았답니다.

*천자문 : 중국에서 들어온 책으로 한문을 배우는 데 널리 쓰였어요.

어린 시절 정약용은 소문난 개구쟁이였어요.
말썽을 피우지 않는 날이 거의 없을 정도로 말이에요.
어떤 날은 농민들이 땀 흘려 가꾼 농작물*을
마구 망쳐 놓아 혼나기도 했지요.
정약용은 아무런 거리낌 없이 농민의 아이들과 어울려
흙장난을 하고 물장난도 하면서 신나게 놀았어요.
"그런데 왜 양반 댁 도련님이 우리와 노는 거지요?"
"사람이 어울리고 노는 데 양반과 상놈이 어디 있느냐!"
정약용의 집안은 양반이었지만, 아버지는
아무런 차별 없이 행동하도록 내버려 두었지요.
이것이 훗날, 정약용이 백성들을 위한 정치를 하게 된 바탕이 되었답니다.

*농작물 : 논이나 밭에 심어 가꾸는 곡식과 채소를 말해요.

정약용이 여덟 살 되던 해,
갑자기 어머니가 세상을 떠났어요.
어린 정약용에게는 크나큰 슬픔이었어요.
그 때부터 깊은 생각에 잠기는 날이 많아졌지요.
'이제부터는 공부에만 매달려야겠다.'
그러고는 책을 친구처럼 가까이하기 시작했어요.
그러면서 차츰 차분한 아이로 변해 갔지요.
아버지는 막내 정약용을 볼 때마다 흐뭇했어요.
'과연 짐작했던 대로 매우 영특한 아이로구나.
잘 가르치면 나라를 위해 큰일을 할 거야.'

어느 날 선비가 한성으로 가던 도중, 당나귀 등에

책을 가득 싣고 걸어오는 정약용을 보았어요.

그런데 열흘 뒤, 한성에서 볼일을 다 보고

돌아가는 길에 또다시 정약용을 보게 된 거예요.

이번에도 정약용은 당나귀에 책을 가득 싣고 걸어오고 있었지요.

"너는 누구 심부름으로 그렇게 많은 책을 실어 나르는 게냐?"

"심부름이 아니라, 건넌 마을에서 책을 빌려다가

읽고 되돌려 드리려고 가는 길입니다."

"아니, 이게 모두 네가 읽은 책이란 말이냐?"

선비는 열흘 만에 그 많은 책을 다 읽은 정약용을 보고 깜짝 놀랐어요.

13

그 무렵, 정약용의 아버지는 새로운 벼슬을 받았어요.
그래서 정약용의 가족은 마을 사람들의 배웅*을 받으며
정든 고향을 뒤로 한 채 한성으로 향했지요.
한성에서 살게 된 정약용은 실력을 갖춘 학자들을 만날 수
있다는 것이 무엇보다 기뻤어요.
"말만 앞세우는 학문은 별로 값어치가 없어.
현실을 제대로 보고 사실을 밝히는 학문이
백성들의 삶을 행복하게 만들어 줄 수 있지."
이리하여 '실학*'이라는 학문을 접하게 된 정약용은
참으로 흥미로워하며 열심히 공부했답니다.

*배웅 : 떠나가는 사람을 따라 나가 잘 가라고 인사하는 거예요.
*실학 : 우리의 실제적인 생활에 도움이 되는 학문을 말해요.

정약용은 스물두 살 때 과거에 합격했어요.
그리고 1년 뒤에는 임금님에게 〈중용*〉을
가르치는 일을 맡게 되었지요.
임금님은 언제나 학문에 대한 정약용의 뜨거운 마음과
성실한 연구 자세를 높이 칭찬하곤 하였어요.
어느 날, 임금님은 정약용의 실력을 시험해 보려고
급히 궁궐로 불러들여 글을 짓게 했지요.
그러자 정약용은 조금의 머뭇거림도 없이 그 자리에서
곧바로 글을 지어 올리는 것이 아니겠어요?
"정말 훌륭하구나!"
임금님은 얼굴 가득 웃음을 지어 보였답니다.

*〈중용〉 : 유교의 가르침을 적은 책으로, 공자의 손자인 자사가 지었다고 해요.

어느 날, 정약용은 잠시 고향에 내려갔다가
친척인 이벽에게 우연히 서학* 이야기를 들었어요.
"저에게 서학을 공부할 수 있는 기회를 주십시오."
남달리 학문에 욕심이 많던 정약용은 서학이라는
새로운 학문을 놓치고 싶지 않았지요.
"우리 집에 찾아오면 자네한테 책도 빌려 주고
내가 아는 대로 가르쳐 주겠네."
그 때부터 정약용은 이벽에게 서학을 배우며
연구하게 되었어요.
특히 생활에 도움을 주는 과학 기술에
남다른 관심을 보였답니다.

* 서학 : 서양인 신부들에 의해 중국에 전해진 천주교의 가르침과
    서양의 발달된 과학 및 기술을 함께 묶어 서학이란 이름으로 불렀어요.

그러던 중, 임금님이 정약용을 불러
수원성을 쌓으려는 자신의 계획을 밝혔어요.
'임금님의 은혜에 보답할 수 있는 좋은 기회야.'
정약용은 그 날부터 연구에 몰두하기 시작했어요.
'어떻게 해야 백성들이 고생하지 않고 빠른 시간 안에
튼튼하고 멋진 성을 지을 수 있을까?'
정약용은 수많은 책들을 통해 서양식 성 쌓는 법을 공부했어요.
그리고 무거운 물건을 손쉽게 들 수 있는 거중기를 발명해
웅장*하고 아름다운 수원성을 쌓아 올렸답니다.

*웅장 : 매우 커다랗다는 뜻이에요.

얼마 후, 임금님은 정약용을 경기도 암행어사로 뽑았어요.
"백성을 제대로 돌보지 않고 제 욕심만 채우는 못된
벼슬아치*가 있는지 조사하고 오너라."
그리하여 정약용은 허름한 장사꾼 옷차림으로
변장을 하고 경기도로 내려갔어요.
그 날 밤, 정약용은 주막에 머물며 가난한 백성들의 고통을
몸소 느낄 수 있었지요. 그래서 죄 없는 백성들의 재산을 빼앗는
못된 벼슬아치를 꾸짖고 벌을 내렸어요.
백성들을 사랑하는 정약용의 마음은
날로 커져 갔답니다.

*벼슬아치 : 나랏일을 맡아 보는 관리를 말해요.

임금님이 정약용을 무척 아끼고 사랑하자
이를 시샘하여 정약용을 쫓아 내려는 신하들이 생겨났어요.
그러자 정약용은 스스로 임금님을 찾아갔지요.
"차라리 저를 지방으로 보내 주시옵소서."
임금님은 몹시 서운했지만 그 뜻을 받아들였답니다.
얼마 후, 정약용은 곡산 원님으로 가게 되었어요.
정약용은 억울한 백성들의 사정을 들어 주고,
바른말을 하는 백성들의 목소리에 귀를 기울였어요.
또한 서학에서 배운 과학적 지식을 통해
천연두*를 치료하는 책을 쓰기도 했지요.
정약용을 칭찬하는 백성들의 목소리는 점점 높아졌어요.

*천연두 : 높은 열이 나며 온몸에 좁쌀만한 종기가 생겨 잘못하면
얼굴이 얽게 되거나 목숨을 잃기도 하는 무서운 전염병이에요.

정약용처럼 서학을 연구하는 사람들이 늘어나면서
차츰 나라 안에 천주교가 전해지기 시작했어요.
그러나 오랫동안 유교 사상*에 젖어 살아 온 벼슬아치들은
도무지 이해하지 못했지요.

"백성들이 섬기는 분은 오직 임금님이어야 하는데,
서양에서 건너온 신을 믿으라고!"
그래서 나라에서는 세상을 어지럽힌다는 이유로
천주교를 믿는 사람들을 붙잡아 가기 시작했어요.
천주교를 믿는 사람들을 만나 서학을 배우던 정약용도
결국 귀양*을 가게 되었고요.

*유교 사상 : 공자의 가르침을 받드는 것으로, 나라에 충성하고
부모님께 효도하는 것이 가장 큰 목표예요.
*귀양 : 죄인을 먼 지방이나 외딴 섬으로 보내어 일정 기간 살게 하던 형벌이에요.

정약용은 기나긴 귀양 생활을 하면서 오직 방 안에 틀어박혀
밤낮없이 학문에만 몰두하며 지냈어요.
정약용은 서학에서 받아들인 새로운 학문 세계를
유교의 사상에 덧붙여 많은 책을 지었지요.
그 중 하나인 〈목민심서〉는 백성을 위하는 마음과
바른 정치를 펴려는 그의 마음이 잘 드러나 있는 책이랍니다.
'백성이 벼슬아치들을 위하여 있는가! 아니다! 결코 아니다!
벼슬아치들이 백성을 위하여 있는 것이다.'

"정약용은 귀양을 살면서도 나라와 백성을 위해 훌륭한 책을
많이 지었으니, 이제 용서해 주는 것이 좋겠사옵니다."
여러 신하들의 말을 듣고 임금님은 마침내 정약용을 풀어 주기로 했어요.
덕분에 정약용은 18년이란 긴 귀양살이를 마치고
고향으로 돌아갈 수 있었답니다.
정약용은 여전히 책 쓰기를 게을리하지 않는 한편,
두 아들에게 자신의 학문을 물려 주는 일에도 온 힘을 기울였어요.

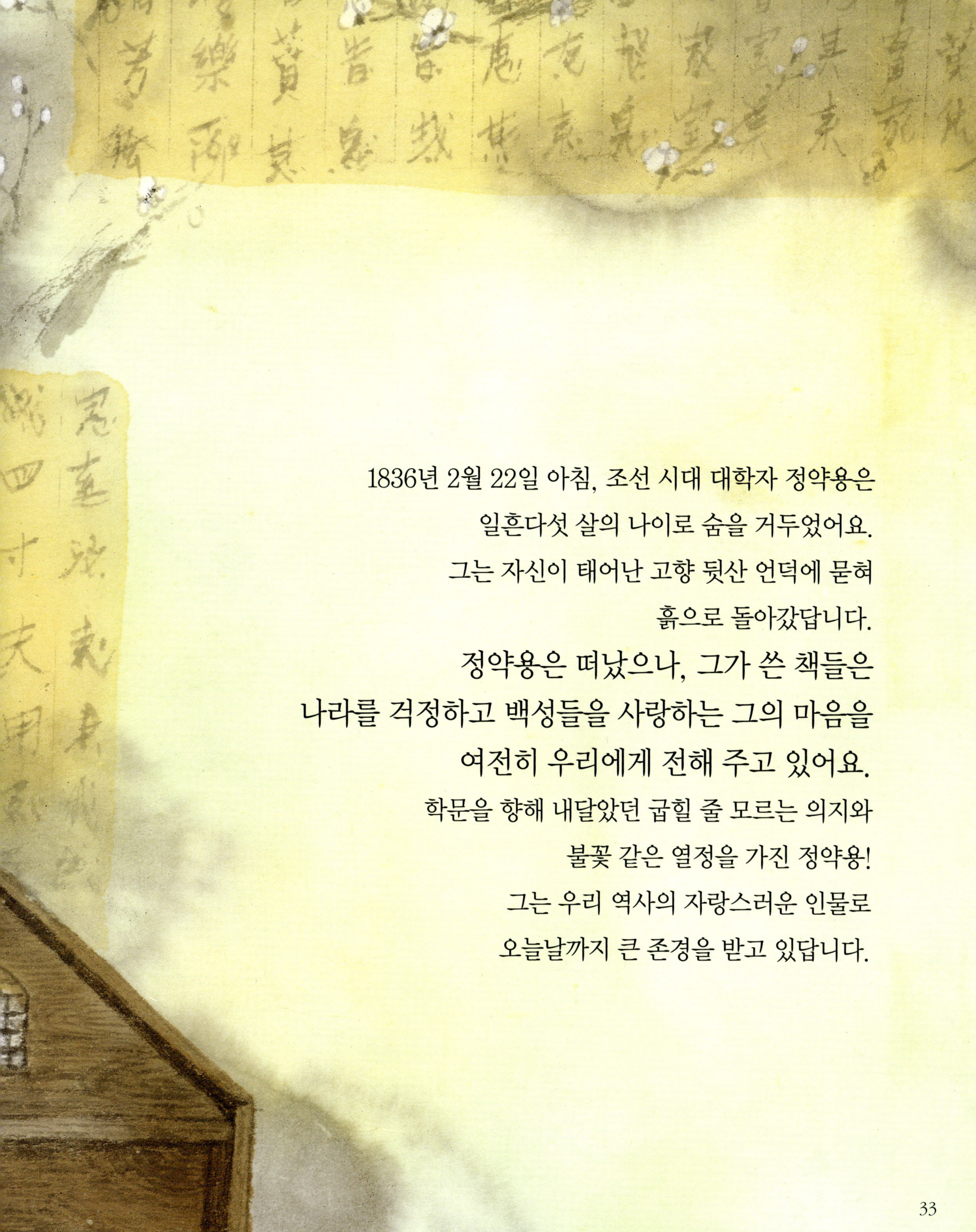

1836년 2월 22일 아침, 조선 시대 대학자 정약용은
일흔다섯 살의 나이로 숨을 거두었어요.
그는 자신이 태어난 고향 뒷산 언덕에 묻혀
흙으로 돌아갔답니다.
정약용은 떠났으나, 그가 쓴 책들은
나라를 걱정하고 백성들을 사랑하는 그의 마음을
여전히 우리에게 전해 주고 있어요.
학문을 향해 내달았던 굽힐 줄 모르는 의지와
불꽃 같은 열정을 가진 정약용!
그는 우리 역사의 자랑스러운 인물로
오늘날까지 큰 존경을 받고 있답니다.

정약용의 발자취
(1762~1836년)

▲ 정약용이 정조 임금의 명에 따라 쌓은 수원성.

▲ 초의 선사가 그린 정약용의 초상

▼ 수원 화성을 쌓을 때 사용된 정약용이 만든 거중기 모형.

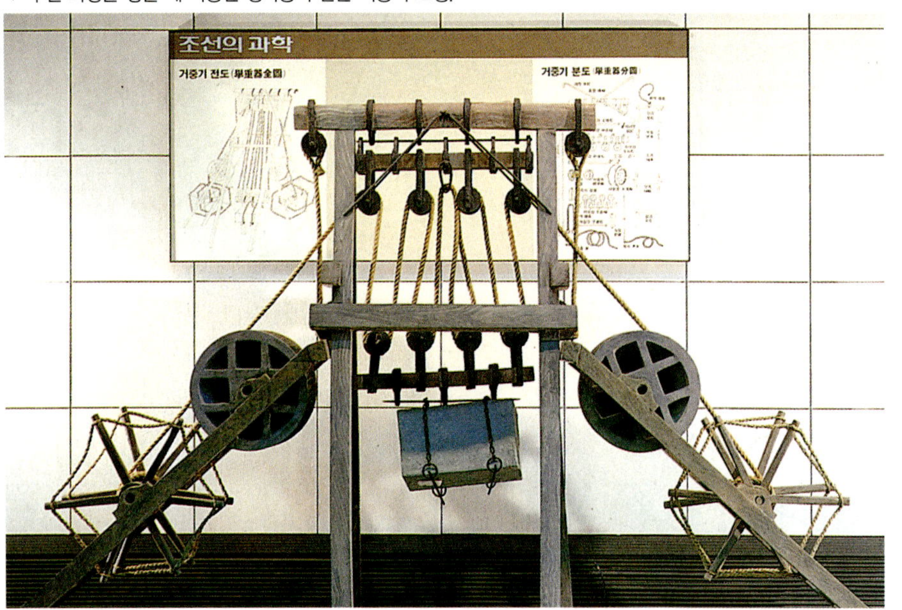

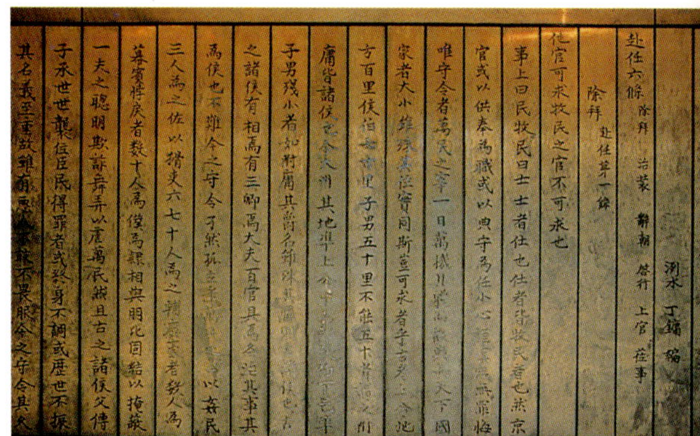

▲ 〈목민심서〉 원본을 옮겨서 만든 〈목민심서〉의 동판이에요.

▲ 정약용이 거중기로 지은 수원성

▼ 정약용이 귀양 생활을 하던 강진의 다산초당.

▼ 정약용의 〈매작서정〉과 그림에 붙인 글.

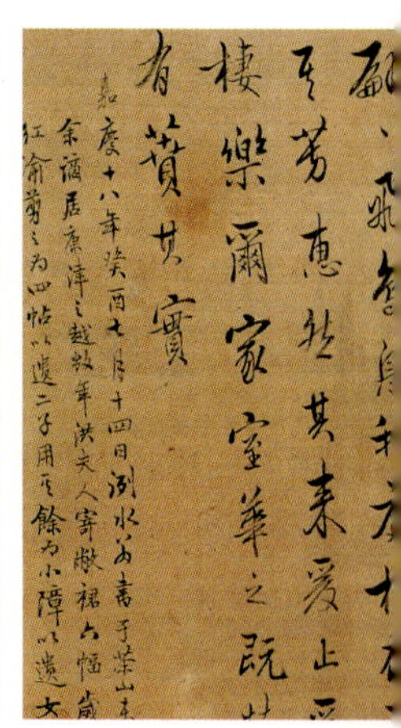

▲ 문경사. 다산을 기념하기 위해 남양주의 생가 뒤편에 세운 사당이에요.

◀ 흑산도에 있는 정약전의 무덤.

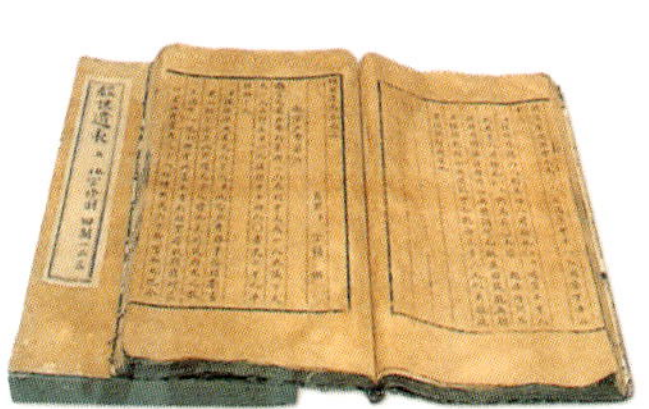

▲ 〈경세유표〉
정약용이 귀양 생활 동안에 쓴 책으로 나라 전체를 개혁하는 방향에 대해 담고 있어요.

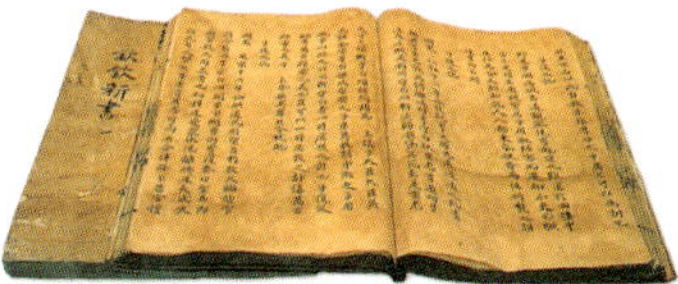

▲ 〈흠흠신서〉
형벌과 재판에 관한 사항을 144개 조항의 사례를 들어 상세히 설명한 책이에요.

〈마과회통〉
정약용이 천연두 치료에 관해 쓴 책이에요.

실학의 정신을 한마디로 나타낸 '실사구시' 현판.

교과서에 나오는 인물 시대사

정약용의 생애	한국사 주요 사건	세계사 주요 사건
1762 년 경기도 광주에서 태어남.	사도세자, 뒤주 속에 갇혀 굶어 죽음.	프로이센과 러시아 단독 강화(7년전쟁).
1772 년 시집 〈삼미집〉을 엮음.	규장각 설치(1776).	아메리카 13주 독립 선언(1776).
1783 년 과거 시험을 보아 소과에 급제함.	승려의 장안 입성을 금함. 서학 관계 서적을 대량 불태움(1788).	파리 조약 성립 (미국 독립).
1789 년 식년 문과에 갑과로 급제함.		프랑스 혁명.
1790 년 예문관 검열이 됨.	박필관의 격고 사건, 신해사옥 일어남 (1791).	벨기에 공화국 성립.
1792 년 수원성을 설계하고 거중기 등을 만들어 성을 지음.	북경 주교 구베아가 교황 비오 6세에게 조선 교회 창립을 보고.	오스트리아와 프로이센의 동맹 결성.
1794 년 경기도의 암행어사가 되어 크게 활약함.	수원성을 쌓기 시작함. 청나라 신부 주문모가 조선에 들어옴.	프랑스에서 로베스피에르 처형.
1795 년 주문모 사건에 관련되어 지방 벼슬아치로 쫓겨남.	천주교도 김시삼이 청나라 신부 주문모를 나라에 고함.	영국, 네덜란드로부터 케이프 지방을 획득.
1797 년 천연두 치료를 위해 〈마과회통〉을 지음.	북태평양 탐험선 프로비던스 호, 동래 용당포에 표착.	캄포 포르미오 조약. 나폴레옹이 제1대 집정이 됨(1799).
1800 년 고향으로 돌아와 저작에 주력하기 시작.	순조 즉위. 정순 왕후가 정치를 맡음.	프랑스, 에스파냐로부터 루이지애나를 획득.
1801 년 유배 생활을 시작함. 이후 〈다산문답〉, 〈경세유표〉, 〈목민심서〉 등의 책을 씀.	안동 김씨 세도정치 시작.	영국, 아일랜드 병합. 나폴레옹이 교황령을 몰수(1809). 칠레, 독립 선포(1818).
1836 년 세상을 떠남.	프랑스 인 신부 모방, 의주를 거쳐 조선에 들어옴.	나폴레옹, 반란이 실패하자 국외로 망명.

벼슬아치들의 지침서 〈목민심서〉

〈목민심서〉는 정약용이 강진의 다산 초당에서 쓴 책이에요. '목민' 이란 백성을 다스린다는 뜻이고, '심서' 는 마음에 새겨 두어야 하는 글을 말해요. 관리가 수령(사또)으로 임명되어 고을을 다스리고 떠나올 때까지 실천해야 할 것들을 담은 책이지요. 정약용이 아버지를 따라다니며 본 것, 자신이 체험한 것, 암행어사로 나아가 보고 들은 것 등을 정리한 것이므로 올바르게 백성을 다스려야 하는 관리들이 꼭 읽어야 할 책입니다.

또한 이 책은 강진에서 귀양살이를 할 때 지방 관리들의 무능함과 횡포, 아전들의 속임수와 불쌍한 농민들의 억울한 사정들을 보고 들은 것이라 더욱 값진 것입니다.

〈목민심서〉는 모두 48권으로, 1818년 정약용이 쉰일곱 살 되던 해에 완성되었어요. 정약용은 나라가 있고 정치를 하는 목적은 백성들을 잘 살게 하는 것이고, 백성들이 못살게 된다면 나라나 정치는 그 가치를 잃게 되는 거라고 했지요. 현대를 사는 우리에게 이 책은 교훈처럼 읽혀야 하는 게 아닐까 해요. 특히 정치를 하고 싶어하는 어른들은 꼭 읽어야 하겠지요. 제 욕심만 차리느라 국민들을 돌보지 못해 결국은 나라의 힘을 위태롭게 하는 정치인들이 많잖아요. 나라와 백성을 사랑한 정약용의 가르침을 이 책을 통해 꼭 한번 배워보도록 해요.

공부 잘하는 장난꾸러기 정약용

정약용이 네 살 때, 아버지는 다른 형제들과 마찬가지로 정약용에게 글을 가르쳤어요. 형제들 중에 가장 머리가 좋은 정약용을 보며 아버지는 속으로는 기뻤으나 표현을 하지 않았어요. 행여나 교만한 마음을 갖고 겸손하지 못할까 봐 칭찬을 하지 않았던 거지요.

그 동안 정약용은 공부만 잘하는 모범생이 아니라 놀기도 잘 하는 매사에 진취적이고 열심인 학생이었답니다.

정약용이 일곱 살 되던 늦은 겨울날, 친구들과 썰매를 타러 갔을 때의 일이에요. 논에서 썰매 타기가 지루해진 그들은 연못으로 가서 썰매를 탔지요.

하지만 꽝꽝 얼어붙은 줄 알았던 연못의 얼음판이 갈라지면서 갑자기 두 명의 친구가 물에 풍덩 빠져 버린 거예요. 정약용은 순간 당황했지만 이내 침착함을 찾고서는 달리기 잘하는 친구를 동네로 보내 어른들을 불러 오게 했어요.

그 동안 정약용은 막대기를 찾아 물에 빠진 친구들에게 잡고 있도록 했고요. 덕분에 친구들은 무사히 살아났지요. 어른들은 위험한 상황에 대처하는 정약용의 지혜롭고 발 빠른 행동에 칭찬을 해 주었답니다.

▌읽고 나서 논술대비 — 생각 나누기 ▐

1. 정약용이 백성들을 위한 정치를 하게 된 바탕이 된 것은 무엇이었나요?

2. 정약용이 공부한 '서학'이 그 전의 학문들과 다른 점은 무엇인가요?

3. 정약용이 백성들을 위해 한 일들을 모두 말해 보세요.

4. 정약용이 쓴 〈목민심서〉는 어떤 책인가요?
   그 밖에 정약용이 쓴 책에는 어떤 것들이 있는지 알아 보세요.